Double Y+5969.

# TANCREDE,

## TRAGEDIE,

REPRÉSENTÉE

## PAR L'ACADEMIE ROYALE DE MUSIQUE,

En Novembre 1702. En Octobre 1707.
En Juin 1717. En Mars 1729.
En Octobre 1738.
Et pour la sixiéme fois le Dimanche 22 Février 1750.

PRIX XXX SOLS.

*AUX DEPENS DE L'ACADEMIE.*

A PARIS, Chez la V. DELORMEL & FILS, Imprimeur de laditte Academie, rue du Foin, à l'Image Ste. Geneviéve.

*On trouvera des Livres de Paroles à la Salle de l'Opéra.*

M. DCC. L.
*AVEC APPROBATION ET PRIVILEGE DU ROY.*

Les Paroles de Feu M. DANCHET.

La Musique de Feu M. CAMPRA.

# ACTEURS CHANTANS
*Dans les Chœurs.*

| Côté du Roi. | | Côté de la Reine. | |
|---|---|---|---|
| *Mesdemoiselles.* | *Messieurs.* | *Mesdemoiselles.* | *Messieurs.* |
| Dun. | Lefebvre. | Cartou. | S. Martin. |
| Tulou. | Le Page c. | Rollet. | Gratin. |
|  | Rafron. | Daliere. | Le Mesle. |
| Delorge. | Fel. | Masson. | Bertrand. |
| Larcher. | Bourque. | Chefdevile. | Hordé. |
| Cazeau. | Duchenet. | Gondré. | Levasseur. |
|  | Rochette. | Hery. | Chapotin. |
| LeTourneur. | Le Roy. | Folliot. | Favier. |
| Lablotiere. | Selle. | Sommervile | Feret. |
|  | Roze. | Duval. | Touchain. |

## ACTEURS DU PROLOGUE.

UN SAGE ENCHANTEUR, M. de la Tour.

LA PAIX, M$^{lle}$. Romainville.

Suite de l'ENCHANTEUR.

Suite de LA PAIX.

## PERSONNAGES DANSANS.

### SUIVANTES DE LA PAIX.

M$^{lle}$ CARVILLE.
M$^{lle}$ PUVIGNÉ, fille.
M$^{lles}$ Defirée, Belnot, Sauvage, Grenier, Parquet, Defchamps.

GENIES de la fuite de L'ENCHANTEUR.

M$^{r}$ TESSIER.
M$^{rs}$. Le Lievre, Laurent, Caié, Bourgeois.

# PROLOGUE.

*Le Théâtre représente un Palais élevé au pied du Mont-Liban, par un sage Enchanteur du parti de* TANCREDE.

## SCENE PREMIERE.

L'ENCHANTEUR, ET LES GENIES de sa Suite.

### L'ENCHANTEUR.

Hatons-nous d'embellir ces demeures tranquilles ;
Des Rives du Jourdain, mille troubles affreux
Bannissent la Paix & les Jeux ;
Mais, ces beaux Lieux sont les aziles
Que mon Art prépare pour eux.

C'eſt pour les recevoir, que ma voix vous appelle,
Eſprits, empreſſez-vous à ſeconder mon zele.

### LES CHŒURS.

Venez, Fille du Ciel, aimable Paix, venez,
Deſcendez dans ces lieux qui vous ſont deſtinés:
Raſſemblez les Amours, que la Guerre épouvante,
  Deſcendez, Déeſſe charmante,
Venez Fille du Ciel, aimable Paix, venez,
Deſcendez dans ces lieux qui vous ſont deſtinés.

*La Paix deſcend avec toute ſa Suite, les Jeux,
les Plaiſirs, & les Amours.*

---

## SCENE II.

L'ENCHANTEUR, LA PAIX, & leur Suite.

### LA PAIX.

PLaiſirs, Jeux innocents, qui fuyez les allarmes,
 Suivez mes pas, raſſemblons-nous:
  Faites ici briller vos charmes,
  Ce beau ſéjour eſt fait pour vous.

*Les Suivans de l'Enchanteur & de la Paix, s'uniſſent
pour marquer leur réjouiſſance.*

# PROLOGUE.
## LA PAIX.

La Discorde a brisé sa chaîne,
Elle allume ses feux, & va dans tous les cœurs
Inspirer sa rage inhumaine,
Tout gémit, tout ressent ses sanglantes fureurs :
O Dieux, qui prenez soin du bonheur de la Terre,
Avez-vous aux Mortels accordé trop de jours ?
Ne permettez-pas que la Guerre
En abrege le cours.

De leurs cruels transports calmez la violence ;
Puisque vous marquez leur trépas
Si près de leur naissance,
Qu'ils l'attendent du moins, & ne le cherchent pas.

*Le Divertissement commence.*

### CHŒUR.

Dans ces beaux lieux, Amour, quitte tes armes,
N'y fais jamais ressentir tes rigueurs :
Tu n'as besoin que de tes charmes,
Pour triompher de tous les cœurs.

*On danse.*

### CHŒUR.

Nos cœurs soumis te cédent la victoire,
Amour, réponds à leurs tendres desirs :
Quand nous prenons soin de ta gloire,
Prend soin du moins de nos plaisirs.

*Le Divertissement continue.*

## TANCREDE, L'ENCHANTEUR.

Les Peuples renommés des Rives de la Seine ;
Doivent, d'un joug barbare affranchir ces climats ;
  La Gloire fuit par tout leurs pas,
  Leur victoire est toujours certaine.

Leur pouvoir, leur grandeur interressent les Dieux,
Je vois dans l'avenir ces Peuples glorieux,
  Et dans la Paix; & dans la Guerre !
  Ils étendent par tout leurs loix !
  Je les vois, qui donnent des Rois
  Aux autres Peuples de la Terre !
   Mille voisins jaloux
   En fremissent de rage !...
Tremblez, audacieux, redoutez leur courage,
  Vous allez tomber sous leurs coups...

  Mais, dans le sein de la Victoire,
  Ils épargnent leurs Ennemis,
  Et ne comptent pour rien la gloire,
S'ils ne donnent la paix à ceux qu'ils ont soumis.

### LA PAIX.

 Goûtons la flateuse esperance
De voir, par leur valeur, rétablir ma puissance.

# PROLOGUE.

*Les Suivans de la Paix & de l'Enchanteur, continuent le Divertissement.*

### LA PAIX.

Le Plaisir vous appelle,
Il faut l'écouter :
La raison rebelle
Veut y resister ;
Mais, cette cruelle,
Que vous offre-t-elle
Pour vous arrêter ?

Gardez-vous bien d'entendre
Des discours fâcheux,
Qui veulent deffendre
Les Ris & les Jeux ;
   Vos beaux jours
    Sont si courts,
Le tems qui fuit sans cesse,
Vous redit toujours :

Aimable Jeunesse,
Fuyez la tristesse,
Suivez les Amours.

*On danse.*

*L'ENCHANTEUR, LA PAIX,*
   *Et tous les Chœurs.*

Trompettes & tambours, ne cauſez plus d'allarmes,
Ceſſez de vous prêter à la fureur de Mars;
Rappellez les Plaiſirs, ranimez les beaux Arts,
   Annoncez des jours pleins de charmes.

*FIN DU PROLOGUE.*

# TANCREDE,

## *TRAGEDIE.*

# ACTEURS
## DE LA TRAGÉDIE.

TANCREDE, *l'un des premiers Chefs de l'Armée de Godefroy, Amant de* CLORINDE,    Mʳ· De Chaffé.

CLORINDE, *Princeſſe Sarrazine, Guerriere renommée, Amante de* TANCREDE,    Mˡˡᵉ· Chevalier.

HERMINIE, *Fille de Caſſan, Roi d'Antioche, Amante de* TANCREDE,    Mˡˡᵉ· Fel.

ARGANT, *Roi de Circaſſie, Chef de l'Armée des Sarrazins, Amant de* CLORINDE,    Mʳ· Le Page.

ISMENOR, *Fameux Magicien du parti des Sarrazins, Amant d'*HERMINIE,    Mʳ· Perſon.

UNE GUERRIERE,    Mˡˡᵉ· Coupée.

AUTRE GUERRIERE,    Mˡˡᵉ· Jacquet.

UN GUERRIER *dans le ſecond Acte,*    Mʳ· De la Tour.

UN SILVAIN, *de la Foreſt enchantée,*    Mʳ· Poirier.

PREMIERE DRIADE,    Mˡˡᵉ· Coupée.

SECONDE DRIADE,    Mˡˡᵉ· Jacquet.

LA VENGEANCE,    Mʳ· Séel.

UN GUERRIER, *dans le cinquiéme Acte,*    Mʳ· Poirier.

# PERSONNAGES DANSANS.

## PREMIER ACTE.
### MAGICIENS, MAGICIENNES.

M<sup>r.</sup> DEVISSE.

M<sup>rs.</sup> Dupré, Saunier, Laval, Feuillade.

M<sup>lles.</sup> LYONNOIS, LA BATTE.

M<sup>lles.</sup> St. Germain, Courcelles, Thierry, Beaufort.

## SECOND ACTE.
### GUERRIERS.

M<sup>rs.</sup> LYONNOIS & VESTRIS.

M<sup>rs.</sup> Dupré, Saunier, Laval,

### AMASONNES.

M<sup>lles.</sup> Désirée, Bellenot, Thiery.

### MORES & MORESSES.

M<sup>r.</sup> DUPRÉ.

M<sup>r.</sup> LANY.   M<sup>lle.</sup> LANY.

M<sup>rs.</sup> Le Lievre, Laurent, Aubry.

M<sup>lles.</sup> St. Germain, Courcelles, Beaufort.

## TROISIÉME ACTE.
### PLAISIRS, & NYMPHES.

Mʳ· DUMOULIN, M<sup>lle</sup>· DALLEMAND.

M<sup>lle</sup>· CAMARGO.

Mʳˢ· Hamoche, Caiez, Bourgeois, Feuillade, Le Lievre.

M<sup>lles</sup>· Thiery, Briseval, Sauvage, Victoire, Puvignée, m.

## QUATRIÉME ACTE.
### SUITE DE LA VENGEANCE.

Mʳ LYONOIS.

Mʳˢ· Dupré, Saunier, Laval, Laurent, Le Lievre, Aubri, Feuillade, Hamoche.

## CINQUIÉME ACTE.
### PEUPLES DE LA PALESTINES.

Mʳ· VESTRIS.

Mʳˢ· Caiez, Bourgeois, Hamoche, Le Lievre, Laurent, Aubri.

M<sup>lle</sup>· LANY.

M<sup>lles</sup>· Thiery, Grenier, Sauvage, Briseval, Victoire, Puvignée m.

# TANCREDE,
## *TRAGÉDIE.*

## ACTE PREMIER.

*Le Théâtre représente le lieu, où sont les Tombeaux des Rois Sarrazins.*

## SCENE PREMIERE.
### ARGANT, HERMINIE, Suite d'ARGANT.

*ARGANT, à sa Suite.*

Assemblez nos Guerriers; c'est tarder trop long-tems,
La vengeance jamais ne peut être assez prompte;
Il faut, par des coups éclatans,
Effacer notre honte.

*à Herminie.*

Princesse vous voyez ma rage & ma douleur,
  Le sort a trompé ma valeur ;
Tancrede a du combat remporté l'avantage,
Clorinde, cet objet qui possède mon cœur,
Qui joint tant de beautés avec tant de courage,
  Gemit dans les fers du Vainqueur.

  Je céde à la fureur extrême,
  Dont mon cœur se sent enflâmer ;
  Je cours délivrer ce que j'aime,
  Quel péril pourroit m'allarmer ?

### HERMINIE.

Ah ! Que ce jour m'inspire une frayeur mortelle !

### ARGANT.

Vous devez à Tancrede une haîne éternelle.

### HERMINIE.

  Je dois redouter sa valeur,
  En vain je voudrois vous le feindre ;
  Ah ! Je sçais trop, pour mon malheur,
  Combien ce Guerrier est à craindre !

### ARGANT.

Laissez à ma fureur le soin de vous venger ;
Au pied de ces tombeaux, par un serment terrible,
  Chacun de nous va s'engager

      D'immoler

D'immoler ce Guerrier que l'on croit invincible:
Il faut par son trépas, reparer nos malheurs.

HERMINIE.

O Ciel!

ARGANT.

Vous frémissez!

HERMINIE.

Malheureuse Herminie,
Ne peux-tu cacher tes douleurs?

ARGANT.

D'où naissent ces soupirs? Qui fait couler vos pleurs!

HERMINIE.

Helas! Mon trouble m'a trahie!

ARGANT.

Le sang qui nous unit, doit bannir votre effroi,
Parlez, fiez-vous à ma foi;
Tancrede a-t'il touché votre ame?
Votre trouble s'augmente, & vous n'osez parler!

HERMINIE.

Vous avez découvert ma flamme,
Je veux en vain dissimuler.

ARGANT.

Vous l'aimez! Ciel! Est-il possible!
Eh quoi! Ne vous souvient-il pas
D'avoir vû succomber vos Parens, vos Etats
Sous l'effort de son bras terrible?

C

### HERMINIE.

Ce fut ce jour fatal, que je devins sensible.

L'horreur, l'épouvante, les cris,
La mort, dont je voyois regner par tout l'image,
Dans un désordre affreux jetterent mes esprits;
On me chargea de fers: dans mon triste esclavage,
Tancrede vint s'offrir à mes regards surpris;
Helas! En le voyant, ma colere fut vaine,
Heureuse, si sa main m'eût arraché le jour!
Contre lui dans mon cœur, je cherchai de la haîne,
Je n'y trouvai que de l'Amour.

### ARGANT.

Songez à faire resistance,
Opposez la raison à cette indigne ardeur;
Forcez l'amour dans votre cœur
A faire place à la vengeance.

### HERMINIE.

Envain dans un cœur amoureux,
La raison veut se faire entendre.

Lorsque l'Amour vint me surprendre,
Contre un penchant si dangereux,
Elle n'osa rien entreprendre:
Pourroit-elle briser des nœuds,
Dont elle n'a pû me défendre?

Envain, dans un cœur amoureux,
La raison veut se faire entendre.

### ARGANT.

On vient....

### HERMINIE.

Cachez du moins la honte de mes feux.

## SCENE II.

### ARGANT, ISMENOR.

### ISMENOR.

Je viens, par mon art redoutable,
Du genereux Argant seconder la valeur :
Herminie a touché mon cœur,
Et le sang vous unit à cet objet aimable.
A mes commandemens les Enfers sont soûmis,
Je puis en évoquer les Demons & les Ombres,
Et contre nos fiers ennemis,
Armer les Habitans de ces Royaumes sombres.

### ARGANT.

Non, il faut que Tancrede expire sous mes coups.

### ISMENOR.

Que j'aime ce noble courroux !

### ARGANT.

Nous pouvons goûter l'espérance,
De triompher à notre tour ;
Je suis armé par la Vengeance,
Et je combattrai pour l'Amour.

### ISMENOR.

Contre cet ennemi barbare,
Je me viens unir avec vous ;
Si pour lui le Ciel se déclare,
Les Enfers s'armeront pour nous.

### ENSEMBLE.

Suivons la fureur & la rage,
Hâtons-nous, vengeons-nous, nous sommes outragez
L'Univers a vû notre outrage,
Quelle honte pour nous, de n'être pas vengez !

### ARGANT.

Je cours délivrer la Princesse,
Mon amour me l'ordonne, & la gloire m'en presse ;
Tous deux m'engagent à la fois :
Qu'un grand cœur est heureux de servir sa tendresse,
Par de fameux exploits !

La troupe des Guerriers s'avance,
Il faut les engager dans mes ressentimens.

## TRAGEDIE.

*ISMENOR.*

Je vais employer la puiffance
De mes affreux enchantemens.

---

## SCENE III.

ARGANT, ISMENOR, Guerriers.

ARGANT, *aux* Guerriers.

Genereux défenfeurs de ce fuperbe Empire,
Vous, que la Haîne doit armer,
Venez, laiffez-vous enflammer
Par la fureur que je refpire;
En immolant Tancrede, il faut nous fignaler.

*CHŒUR.*

Il faut perir, ou l'immoler.

*ARGANT.*

Que vos fureurs font légitimes !
Redoublez, s'il fe peut, ce genereux tranfport;
Par lui, tant de Guerriers ont été de la mort
Les fatales victimes.

*CHŒUR.*

Qu'il éprouve le même fort.

## TANCREDE,

ARGANT, ISMENOR ET LE CHŒUR.

O Ciel ! O suprême puissance !
Un fier ennemi nous offense !
Il va perir, ou nous perirons tous ;
Ecoute nos sermens ; lance tes traits sur nous,
S'il échape à notre vengeance.

---

# SCENE IV.

ARGANT, ISMENOR, GUERRIERS, MAGICIENS & MAGICIENNES.

### ISMENOR aux MAGICIENS.

Vous qui m'obéissez, remplissez mon espoir,
Montrez quel est nôtre pouvoir.

*On danse.*

### CHŒURS.

Contre nos Ennemis mettons tout en usage,
Attaquons leur gloire & leurs jours.

### LES MAGICIENS.

Volez, Démons, volez : pour vaincre leur courage,
Prenez la forme des Amours.

## CHŒURS.

Contre nos ennemis mettons tout en usage,
Attaquons leur gloire & leurs jours.

## LES MAGICIENS.

Pour en faire un affreux carnage,
Tartare, Phlegeton, donnez-nous du secours.

## CHŒURS.

Contre nos Ennemis, &c.

*On danse.*

## ISMENOR.

Manes des Rois les plus terribles,
Vous, que dans ces tombeaux la mort tient enchaînez
Sortez, soyez encor sensibles
Pour vos Sujets infortunez.
Quittez le ténébreux rivage,
Venez revoir ces lieux où vous donniez des loix;
Venez, à ces Guerriers, inspirer le courage
Qui vous animoit autrefois.
Manes des Rois les plus terribles,
Vous, que dans ces tombeaux la mort tient enchaînez
Sortez, soyez encor sensibles
Pour vos Sujets infortunez.

*On entend de grands bruits; le Tonnerre tombe, & brise les Tombeaux.*

## TANCREDE,

### CHŒURS.

Quels bruits ! Qui fait trembler la terre !
Quel pouvoir redoutable a brisé ces Tombeaux ;
Ah ! Que de prodiges nouveaux !
Le Ciel nous déclare la guerre.

*Les MAGICIENS, & les MAGICIENNES*
*sortent épouventez.*

### ISMENOR.

Allons redoubler nos efforts.
Allons nous signaler par des charmes plus forts.

*ARGANT aux GUERRIERS.*

Courons où l'honneur nous engage ;
Souvenez-vous de vos sermens.

*à Ismenor.*

Laissez-là vos enchantemens,
Il suffit de notre courage.

*Fin du premier Acte.*

# ACTE SECOND.

Le Théâtre repréfente le Camp de TANCREDE.

## SCENE PREMIERE.

### CLORINDE.

Uis-je Clorinde ? O Ciel ! Quel trouble me dévore !
Puis-je me reconnoître encore !
Mon cœur contre l'Amour fut toûjours revolté;
Dans l'horreur des forêts, exerçant mon courage,
J'ai long-tems de Diane imité la fierté,
J'ai fait plus : j'ai cherché la guerre & le carnage,
Vains projets ! Un feul jour détruit tous mes exploits,
  Tancrede me tient fous fes loix :

D

Je l'ai vû tout brillant de gloire,
Sortir de ce dernier combat ;
C'est peu que Mars lui donne un immortel éclat,
L'Amour acheve sa victoire.

Hâtez-vous, ma raison, bannissez de mon cœur,
D'un cruel ennemy l'image trop charmante ;

Ranimez ma fierté mourante,
Et combattez l'Amour qui se rend mon vainqueur :

Hâtez-vous, ma raison, banissez de mon cœur,
D'un cruel ennemi l'image trop charmante.

Il vient.... Ne lui montrons qu'une noble fureur.

## SCENE II.
### TANCREDE, CLORINDE,
Suite de TANCREDE.

#### TANCREDE.

Princesse, vos Guerriers m'ont cédé l'avantage,
Ils étoient mes captifs, je les délivre tous,
Bien-tôt ils viendront avec nous
Vous rendre un éclatant hommage :
Vous n'êtes point dans l'esclavage,
Et Tancrede en ces lieux, est moins libre que vous.

## TRAGEDIE.
### CLORINDE.

Malgré votre victoire,
Je sçaurai, dans mes fers, conserver ma fierté ;
Vous ne m'offrez la liberté,
Que pour augmenter votre gloire.

### TANCREDE.

Qu'elle est ma gloire ? Helas ! Vous ignorez mon sort,
Je ne dois chercher que la mort.

### CLORINDE.

Quel dessein ?

### TANCREDE.

Je vous cache un funeste mistére,
Mais, non, je dois le découvrir :
N'est-ce pas assez de mourir ?
Faut-il encor me contraindre à me taire ?
Belle Clorinde.... helas ! Quel aveu viens-je faire ?
Je vais vous offenser, ne vous en plaignez pas :
Bien-tôt mon malheureux trépas
Désarmera votre colere.

### CLORINDE.

Qu'entens-je !

### TANCREDE.

Il est trop vrai, j'adore vos appas :
Prête à tomber dans l'esclavage,
Vous cherchiez dans nos rangs à vous faire un passage

D ij

Vos efforts étonnoient nos plus vaillants soldats ;
Attiré par leurs cris, honteux de leurs allarmes,
    J'allois ranimer leur valeur,
    Mes yeux surpris virent vos charmes,
Je sentis que l'Amour seroit seul le vainqueur ;
    Lorsque vous me rendiez vos armes,
    Ce Dieu vous soumettoit mon cœur.

### CLORINDE.

    Quel aveu ! Puis-je trop m'en plaindre ?
Quand je dois vous haïr, vous me parlez d'amour.
Ah ! De tous les malheurs que j'éprouve en ce jour,
    C'étoit pour moi le plus à craindre.
Dès l'enfance élevée au milieu des forêts...

### TANCREDE.

    Vous traitez l'amour de foiblesse,
Mais, pour n'avoir jamais ressenti de tendresse,
Vos yeux, pour nous blesser, en ont-ils moins de traits ?
    Tant de valeur & tant de charmes
    Doivent vaincre tout l'Univers ;
    Votre beauté met dans les fers
    Les cœurs échapez à vos armes.

    En vain mes vœux vous sont offerts.

### CLORINDE.

Tout me doit, contre vous, inspirer de la haîne,
Ma gloire, mes malheurs, ma patrie, & mes Dieux,

Mes soldats immolez, ou captifs en ces lieux.
### TANCREDE.
Si ma victoire les enchaîne,
L'Amour les venge par vos yeux.

Je suis soumis à votre empire,
Vous m'accablez d'un couroux rigoureux ;
Sans espoir d'être aimé, je languis, je soupire ;
Est-il un destin plus affreux ?

*On amene les Captifs Sarrazins & Egyptiens, que* TANCREDE *a faits dans le Combat.*
### CLORINDE.
Aux yeux de vos Captifs songez à vous contraindre,
Cachez un trouble si honteux.
### TANCREDE.
Non, je n'en rougis point ; il est souvent des feux
Dont la gloire n'ose se plaindre.

## SCENE III.
TANCREDE, CLORINDE, Suite de TANCREDE, CAPTIFS Sarrazins, Egyptiens & Guerrieres du Party de CLORINDE.

### TANCREDE.
Quittez vos fers, goutez un sort plus glorieux,
Chantez, célébrez votre Reine ;

Où l'on voit briller ses beaux yeux,
On ne doit porter que sa chaîne.

## LE CHŒUR.

Quittons nos fers, goûtons un sort plus glorieux,
Chantons, célébrons notre Reine;
Où l'on voit briller ses beaux yeux,
On ne doit porter que sa chaîne. *On danse.*

## UNE GUERRIERE.

L'Amour veut vous surprendre,
Pourquoi vous en défendre ?
Cueillez, redoutables Guerriers,
Le myrthe avec les lauriers.

Souvent le Dieu des armes.
Se rend à de doux charmes,
Et cherche à passer de beaux jours,
Parmi les tendres Amours.

L'Amour veut vous surprendre,
Pourquoi vous en défendre ?
Cueillez, redoutables Guerriers,
Le myrthe avec les lauriers.

Dans nos paisibles fêtes,
Augmentez vos conquêtes;
Venez, rendez-vous les Vainqueurs
Des plus insensibles cœurs.

# TRAGEDIE.

L'Amour veut vous surprendre,
Pourquoi vous en deffendre ?
Cueillez, redoutables Guerriers,
Le myrthe avec les lauriers.

*On danse.*

### UNE GUERRIERE ET LES CHŒURS.

Si le danger vous étonne,
Fuyez, foibles cœurs ;
L'Amour, ainsi que Bellonne
Vend cher ses faveurs.

### DEUX GUERRIERES.

Il est mille soins à rendre,
Des travaux à surmonter,
Des yeux jaloux à surprendre,
Des cruelles à dompter.

### UNE AUTRE GUERRIERE.

Si le danger vous étonne,
Fuyez, foibles cœurs ;
L'Amour, ainsi que Bellonne,
Vend cher ses faveurs.

### LES CHŒURS.

Il faut un cœur intrepide,
Et constant dans son tourment :

### LE GRAND CHŒUR.

On méprise un Guerrier timide :

*LE PETIT CHŒUR,*

On méprise un timide Amant.

*UNE GUERRIERE ET LES CHŒURS.*

Si le danger vous étonne,
Fuyez, foibles cœurs;
L'Amour, ainsi que Bellonne,
Vend cher ses faveurs.

*PREMIERE GUERRIERE.*

Le Guerrier se sert d'adresse,
Pour finir de grands exploits :

*SECONDE GUERRIERE.*

Pour couronner sa tendresse
L'Amant s'en sert quelquefois.

*LES GUERRIERES ET LES CHŒURS.*

Si le danger vous étonne,
Fuyez, foibles cœurs;
L'Amour, ainsi que Bellonne,
Vend cher ses faveurs.

*TANCREDE, à CLORINDE.*

Je ne prétens point vous contraindre,
Ici rien ne plaît à vos yeux;
Je perdrai le jour sans me plaindre,
Vous pouvez partir de ces lieux.

*CLORINDE*

## TRAGEDIE.
### CLORINDE.
Je ne veux point devoir ma délivrance
A l'amour, dont, pour moi, vous vous sentez toucher;
Si je suis en votre puissance,
Argant sçaura m'en arracher.

## SCENE IV.
### TANCREDE.

Qu'entends-je! Quel couroux m'enflâme!
Non, je n'en doute plus, Argant est mon rival;
Je n'en veux pour témoin, que le trouble fatal
Que son nom excite en mon ame;
Rival de mes exploits, rival de mes amours,
Je sens, pour lui, croître ma haine :
Barbare, aux dépens de tes jours,
J'irai te disputer une si belle chaîne :
Tu n'as encore senti les coups
Que d'un bras qui cherchoit à servir mon courage,
Tremble, c'est un Amant jaloux
Qui va t'immoler à sa rage.....

Mais, que dis-je! L'objet, dont mon cœur est charmé,
Sera-t-il pour moi plus sensible!
N'importe, vangeons-nous; qu'une vangeance horrible
Me console du , de n'être point aimé.

E

## SCENE V.

TANCREDE, UN GUERRIER.

LE GUERRIER.

AH ! Seigneur !

TANCREDE.

Quel peril t'allarme ?

LE GUERRIER.

Un cruel Enchanteur fait perir vos soldats;
Par le secours affreux d'un invincible charme,
Dans la forest prochaine il a conduit leurs pas.

TANCREDE.

Allons, c'est un effort digne de mon courage,
Courons leur donner du secours.

LE GUERRIER.

Ah ! Craignez pour vos jours,
L'Enfer y signale sa rage.

TANCREDE.

Envain tu prétens m'arrêter,
D'une vaine frayeur Tancrede est-il capable ?
Plus le peril est redoutable,
Plus il m'est doux de le tenter.

*Fin du Second Acte.*

# ACTE TROISIE'ME.

*Le Théâtre représente la Forest enchantée.*

## SCENE PREMIERE.

### HERMINIE, ARGANT.

#### *HERMINIE.*

Ancrede aime Clorinde! O destin rigoureux!

#### *ARGANT.*

Nos Guerriers m'en ont fait un rapport trop sincere,
Il n'a pû leur cacher ses feux.

#### *HERMINIE.*

Jugez de ma douleur.

#### *ARGANT.*

Jugez de ma colere.

E ij

*ENSEMBLE.*

Ah ! Quels funestes coups !
Quel tourment pour nos cœurs jaloux !

*HERMINIE.*

J'ai cru ma peine sans égale,
Lorsqu'un indifferent méprisoit mes appas :
Helas ! Je ne connoissois pas
L'horreur d'avoir une rivale.

*ARGANT.*

Suspendez ces vaines douleurs,
Et partagez ma juste rage ;
Ce n'est que par du sang & non pas par des pleurs,
Que l'on doit laver cet outrage.

*ENSEMBLE.*

Ah ! Quels funestes coups !
Quel tourment pour nos cœurs jaloux !

*ARGANT.*

Croyez-vous que pour lui Clorinde soit sensible ?

*HERMINIE.*

Malgré tous mes malheurs, mon cœur en est charmé ;
Non, il n'est pas possible
Qu'il aime ma rivale, & n'en soit point aimé.

## ARGANT.

L'ingrate a refusé de sortir d'esclavage !
Son vainqueur vainement avoit brisé ses fers !
D'autres nœuds plus doux & plus chers
Retenoient la volage.

Venez, jaloux transports, je vous livre mon cœur ;
Un rival trop heureux m'offense,
Eteignons dans son sang sa flâme & ma fureur ;
Qu'en un jour, l'Univers apprenne avec horreur
Et son audace & ma vangeance,

Venez, jaloux transports, je vous livre mon cœur.

## HERMINIE.

Nous devons ici le surprendre ;
Ismenor, par son art, vient d'enchanter ces lieux.

## ARGANT.

Ces secours sont trop lents pour un cœur furieux ;
Ma haine ne peut les attendre ;
Pour un dernier combat je cours tout ordonner.

*Il sort.*

## HERMINIE.

Ah ! Je sens, pour l'ingrat, une pitié trop tendre ;
Aux traits de son rival, puis-je l'abandonner ?

## SCENE II.
### HERMINIE.

Cessez, mes yeux, cessez de contraindre vos larmes,
 Soulagez mes vives douleurs ;
Pour toucher un ingrat, vous n'avez point de charmes,
Occupez-vous du moins, à pleurer mes malheurs.

L'amour me fait sentir de mortelles atteintes,
 Les regrets & les plaintes
Sont, d'un cœur sans espoir, les uniques plaisirs ;
 Je puis, dans ces sombres retraites,
 Laisser éclater mes soupirs ;
Je n'ai pour confidents de mes peines secretes
 Que les Echos & les Zéphirs.

Cessez, mes yeux, cessez de contraindre vos larmes,
 Soulagez mes vives douleurs ;
Pour toucher un ingrat, vous n'avez point de charmes,
Occupez-vous du moins, à pleurer mes malheurs.

Mais, Tancrede paroît ; allons tout entreprendre,
Des charmes les plus forts implorons le secours ;
 Je veux, au moins, me rendre
 Maîtresse de ses jours.

## SCENE III.
### TANCREDE.

Voicy de l'Enchanteur la fatale retraite......
*Des Flâmes se répandent sur le Théâtre.*
D'où vient que je frémis ! Quelle frayeur secrete
S'empare de mes sens !
*Plusieurs Démons volent dans l'Air.*
Bannissons ces indignes craintes,
Entrons dans ces Forests....
*On entend des gémissemens & des plaintes qui sortent des Arbres.*
Ciel ! D'où naissent ces plaintes ?
Quels soupirs ! Quels tristes accents !
J'entens ces arbres qui gémissent,
Leurs regrets, malgré-moi, me touchent, m'attendrissent.....
C'est un enchantement, il faut le surmonter.....
*Dans le tems que* TANCREDE *veut entrer dans la Forest, il paroît des arbres de toutes parts.*
Quel prodige nouveau s'oppose à mon passage ?
Servons-nous de notre courage...
*On entend une symphonie agréable : Des Plaisirs, des Nymphes des Sylvains & des Driades, sortent de la Forest.*
Quels objets à mes yeux viennent se présenter !

## SCENE IV.

TANCREDE, Plaisirs, Nymphes, Sylvains
& Dryades.

### CHŒUR de Nymphes.

CHantons dans ces belles retraites,
Tout y répond à nos desirs;
C'est pour les jeux & les plaisirs,
C'est pour l'Amour qu'elles sont faites.

*On danse.*

### UN SILVAIN.

Foible raison, ne nous fais plus entendre
Que c'est un mal de se laisser charmer;

Ah! Si les Dieux vouloient nous le deffendre,
Nous devoient-ils faire une ame si tendre!

Quelle rigueur de nous former
Avec un cœur si prompt à s'enflâmer!

*On danse.*

## TRAGEDIE.

### DEUX DRIADES ET LE CHŒUR.

L'Amour dans la vie
Peut feul nous charmer;
C'eſt une folie
De s'en allarmer.

### PREMIERE DRIADE.

La grandeur ſuprême
N'eſt qu'un bien trompeur;
Aimer qui nous aime,
Fait notre bonheur.

### CHŒUR.

L'Amour dans la vie
Peut feul nous charmer;
C'eſt une folie
De s'en allarmer;

### SECONDE DRIADE.

Paſſons la jeuneſſe
Dans d'aimables jeux;
Bornons la ſageſſe,
A nous rendre heureux.

### CHŒUR.

L'Amour dans la vie
Peut feul nous charmer;
C'eſt une folie
De s'en allarmer.

*On danſe.*

## PREMIERE DRIADE.

Nos plaisirs seront peu durables,
Le destin a compté nos jours :
Ne songeons qu'à les rendre aimables,
Puisqu'il les a rendus si courts.

*On danse.*

## SECONDE DRIADE.

Soupirons, tout nous y convie,
Livrons-nous à tous nos desirs :
Sans compter les jours de la vie,
Cherchons à goûter ses plaisirs.

*On danse.*

## PREMIERE DRIADE ET LES CHŒURS.

Regne, Amour, regne sur nos ames,
Enchaîne les plus fiers vainqueurs ;
Ah ! Que tes traits charment les cœurs !
Non, rien n'est si doux que tes flâmes !

## SCENE V.
### HERMINIE, CLORINDE.

*HERMINIE, à part.*

TAncrede est par mes soins captif dans ces forests...
Ma rivale paroît : je veux, s'il est possible,
Pénétrer de son cœur les sentimens secrets,
Je sçaurai le fraper par un endroit sensible.

*à Clorinde.*

Quel bonheur vous offre à mes yeux !
Venez-vous partager une juste vengeance ?

### CLORINDE.

J'ai suivi Tancrede en ces lieux,
J'ai craint de l'Enchanteur la fatale puissance.

### HERMINIE.

Il cherche à vous vanger, vous en allarmez-vous ?

### CLORINDE.

Nous devons nous venger par de plus nobles coups.
Il faut triompher avec gloire,
L'artifice est toujours indigne d'un grand cœur;
C'est par la force & la valeur
Qu'on doit disputer la victoire.

#### HERMINIE.

Si vous vouliez le fecourir,
Vous deviez plutôt l'entreprendre.

#### CLORINDE.

Je fremis!

#### HERMINIE.

Dans un charme, il s'eft laiffé furprendre,
Et je viens de le voir perir.

#### CLORINDE.

Il eft mort : quelle main barbare
A pû ttancher de fi beaux jours ?
Quelle barbare main pour jamais nous fépare ?
Il eft mort ! je n'ai pû lui doner de fecours !

Differe d'un moment, cher ombre que j'adore,
Attend, ne defcend point encore
Sur les rivages ténébreux :

Un cruel ennemi t'ofe arracher la vie,
Je punirai fa barbarie
Par le trépas le plus affreux :
Je contraindrai fon ombre criminelle
A defcendre après toi dans la nuit éternelle,
Je te fuiverai moi même, en te prouvant mes feux.

Differe d'un moment, cher ombre que j'adore,
Attend, ne defcend point encore
Sur les rivages ténébreux.

## TRAGEDIE.
### HERMINIE.

Je vois, par vos regrets, quelle est votre tendresse.

### CLORINDE.

Puis-je, après son trépas, vous cacher ma foiblesse ?

L'objet de mon amour descend dans le tombeau,
 Mon cœur toujours constant l'adore :
Son malheur, de mes jours éteindroit le flambeau ;
Mais, c'est pour le venger, que je respire encore.

### HERMINIE.

 Je ne veux plus dissimuler,
Tancrede n'est point mort, mais tu vois ta Rivale,
 Ta flâme lui sera fatale,
 A tes yeux on va l'immoler.

### CLORINDE.

Perfide, arrête.

### HERMINIE.

Ici je brave ta vangeance.

### CLORINDE.

Crains du moins le couroux des Cieux.

### HERMINIE.

Tremble toi-même, en voyant la puissance.
Que l'on me donne dans ces lieux.

*Plusieurs Démons volent brisent les Arbres,*
*& en emportent les débris.*

## SCENE VI.
### CLORINDE.

Que vois-je ! Quel couroux l'anime !
Tancrede en seroit la victime !
Non, je dois l'arracher à l'horeur du trépas;
Malheureuse Clorinde, helas !
De ton fatal amour perd plutôt la mémoire,
Tu trahis tes sujets, ton devoir & ta gloire,
C'est pour un ennemi que va s'armer ton bras...

Que dis-je ? un ennemi ! c'est un Amant que j'aime :
Sous les traits les plus doux, l'Amour vient me l'offrir.
Non, ne balançons plus, il faut le secourir,
Ou chercher à périr moi-même.

*Fin du troisiéme Acte.*

# ACTE QUATRIEME.
*Le Théâtre représente un endroit affreux dans la Forest enchantée.*

## SCENE PREMIERE.
### TANCREDE.

Ombres Forests, Azile redoutable,
Vous que l'Astre du jour ne pénétra jamais,
C'est assez vous troubler de mes tristes regrets,
Je vais finir mon destin déplorable.

Je ne reverrai plus l'Objet de mon amour!
Mon ennemi me tient en sa puissance!
Guerrier sans gloire, Amant sans espérance,
Mon seul désir est de perdre le jour.

Sombres Forest, Azile redoutable,
Vous, que l'Astre du jour ne pénétra jamais,
C'est assez vous troubler de mes tristes regrets,
Je vais finir mon destin déplorable.

## SCENE II.
### TANCREDE, HERMINIE.

*TANCREDE.*

Ciel! Qu'est-ce que je voi?
La Terre, les Enfers, tout s'arme contre moi!
  Et vous aussi, belle Herminie?
La guerre sous mes loix vous tenoit asservie;
  Pour prix d'avoir brisé vos fers,
  D'un fier Mininistre des Enfers
Venez-vous, contre moi, seconder la furie?

  Tout menace en ces lieux mes jours,
  Mais mon cœur est exempt d'allarmes:
  Ah! faites-moi rendre mes armes,
  Je ne veux point d'autre secours.

*HERMINIE.*

  Cruel, cesse de le prétendre,
Tout est prest pour ta mort, & je viens la hâter,
Mes parens immolez, nos remparts mis en cendre,
Sont les moindres raisons que je dois écouter;
Clorinde dans tes fers, Clorinde.... je m'égare,
  Quel est le trouble où je me voi!
  Ne peux-tu concevoir, Barbare,
  Ce qui m'anime contre toi?

      *TANCREDE.*

## TRAGEDIE.
### TANCREDE.
A ce discours, je ne puis rien comprendre!
### HERMINIE.
Ah C'est m'en dire assez, que de ne point m'entendre.

*A ISMENOR qui paroît.*

Venez, vous pouvez nous vanger;
A le faire perir, tout doit vous engager.

---

## SCENE III.
### TANCREDE, HERMINIE, ISMENOR, LA VENGEANCE, LA HAINE, & leur Suite.

### ISMENOR,
*Touchant TANCREDE, d'une Baguette Magique.*

Commence à ressentir l'effet de ma puissance.

### TANCREDE.
Quelle nuit vient m'environner ?
Je fais vainement resistance,
Par d'invisibles mains, je me sens enchaîner.

### ISMENOR.
Vengeance affreuse, impitoyable Haine;
Et Vous, de mon pouvoir Ministre furieux,

Vous, qu'anime toûjours une rage inhumaine,
Sortez tous des Enfers, paroiſſez en ces lieux.

*Ils ſortent.*

Montrez lui de ſa mort l'appareil effroyable,
Egalez-en l'horreur à mon reſſentiment,
Et pour augmenter ſon tourment,
Cherchez à le rendre durable.

### ISMENOR ET LES CHŒURS.

Que le fer, que les feux ſervent notre tranſport,
Préſentons à ſes yeux un horrible ravage,
Que, ſans pouvoir trouver la mort,
Il en trouve par tout l'image.

*La Suite de la Vengeance & de la Haine, cherche à tourmenter Tancrede.*

### LA VENGEANCE, *préſentant un poignard à* ISMENOR.

C'eſt aſſez différer, je viens à ta fureur
Offrir ce fer vangeur ;
Quel charme pour un cœur qui reſſent une offenſe,
D'éteindre ſon couroux dans un ſang odieux,
Un Mortel irrité qui goûte la vengeance,
Partage le plaiſir des Dieux.

*L*A H*AINE*, LA V*ENGEANCE* & *leur Suite diſparoiſſent.*

## SCENE IV.
ISMENOR, HERMINIE, TANCREDE.

*ISMENOR, le poignard à la main.*

Rendons lui sa raison : en lui donnant la mort,
Je veux lui laisser voir les horreurs de son sort.

Eprouve ma juste colere....

*Il veut frapper* TANCREDE : HERMINIE *l'arrête.*

### HERMINIE.
Arrêtez, arrêtez, frapez plutôt mon cœur.
### TANCREDE.
Ciel !
### ISMENOR.
Qu'entens-je !
### HERMINIE.
Je l'aime, un autre a sçû lui plaire,
J'ai voulu l'immoler à ma jalouse ardeur :
Mais l'horreur de sa mort désarme ma colere :
L'Amour me parle en sa faveur
Et force la Haine à se taire.
### TANCREDE.
Que je suis interdit !

G ij

*ISMENOR, à HERMINIE.*
Perfide, c'est assez,
Je le vois, vous me trahissez ;
Sa mort va m'en faire justice.

*Il retourne pour tuer* TANCREDE, *& s'arrête,
appercevant* CLORINDE.

Mais, Clorinde paroît, mon juste désespoir
M'offre pour vous punir, un plus affreux supplice.
*A* CLORINDE.
Princesse, ce Guerrier est en votre pouvoir.
*A* HERMINIE.
Le bonheur de votre Rivale
Suffit pour me venger, & vous faire souffrir.
*HERMINIE, en s'en allant.*
Quelle peine fatale !
Je devois le laisser périr.

## SCENE V.
### CLORINDE, TANCREDE.

#### TANCREDE.

C'Est vous belle Princesse,
C'est vous, qui dans ces lieux, volez à mon secours?
Vous êtes de mon sort souveraine maîtresse,
  Disposez de mes jours.

*CLORINDE, rendant les armes à TANCREDE.*

Je romps mon esclavage, en finissant le vôtre.
Il faut nous separer & ne nous voir jamais,
  La gloire désormais
 Nous doit occuper l'un & l'autre.

#### TANCREDE.

Nous separer! ô Ciel: quel sera donc mon sort?
Losque mon Ennemi veut m'arracher la vie,
  Ne désarmez-vous sa furie,
 Que pour me livrer à la mort?

#### CLORINDE.

Non, vivez.

#### TANCREDE.
Que je vive ! Helas ! Eſt-il poſſible ?
Puis-je ſouffrir, ſans vous, la lumiére des Cieux ?
Que dis-je ? Je rougis qu'un Arrêt ſi terrible
Ne m'ait point fait encor expirer à vos yeux.

#### CLORINDE
Vivez, Clorinde vous l'ordonne.

#### TANCREDE.
Vous me défendez de vous voir.

#### CLORINDE.
Contentez-vous, quand je vous abandonne,
Que j'accuſe en ſecret un rigoureux devoir.

#### TANCREDE.
Qu'entens-je !

#### CLORINDE.
Il n'eſt plus tems de feindre,
C'eſt aſſez renfermer un amour malheureux
Que ma fierté ne peut éteindre.

#### TANCREDE
Ciel ! Quel aveu charmant ! Que mon ſort eſt heureux !
Quoi ! Votre cœur touché.... non, je ne le puis
croire.

## CLORINDE.

Votre sort en doit être encor plus rigoureux,
craignez.

### TANCREDE.

Vous partagez mes feux,
Que pourrois-je craindre ?

### CLORINDE.

La Gloire.

### ENSEMBLE.

Gloire inhumaine, helas ! Que tu troubles nos
cœurs !
L'Amour nous présentoit ses plus aimables chaînes,
Nous quittons pour toi ses douceurs ;
Nous allons nous livrer à d'éternelles peines,
Gloire inhumaine, helas, que tu troubles nos cœurs!

### CLORINDE.

C'est trop laisser voir de foiblesse,
Ne tardons plus, separons-nous.

### TANCREDE, *en s'en allant.*

Dans le désespoir qui me presse
Je n'aurai pas long-temps à gémir loin de vous.

## SCENE VI.
### CLORINDE.

Estes-vous satisfaits, devoir, gloire cruelle ?
Je vais vous immoler ma vie & mon amour.

Je bannis ce Héros, il va perdre le jour,
Pourrai-je resister à ma douleur mortelle !

Étes-vous satisfaits, devoir, gloire cruelle ?
Je vais vous immoler ma vie & mon amour.

Je cours dans les combats, où votre voix m'appelle,
M'ouvrir, par le trépas, le ténébreux séjour.

Étes-vous satisfaits, devoir, gloire cruelle ?
Je vais vous immoler ma vie & mon amour.

Que je suis foible encor ! Je m'arrête à me plaindre,
Quand je devrois d'Argant seconder les projets ;
Allons... ah ! Que pour moi cet instant est à craindre !
Oserai-je paroître aux yeux de mes Sujets ?
J'aime ! C'est peu d'aimer, je montre ma tendresse,
J'aime mon Ennemi ! J'ose le déclarer !

Nos Guerriers ont vû ma foiblesse,
Partons, courrons la réparer.

*Fin du quatriéme Acte.*

# ACTE CINQUIÉME.

*Le Théâtre repréfente un Camp, & dans l'éloignement, les Remparts d'une Ville.*

## SCENE PREMIERE.

*La Scéne se passe fur la fin de la nuit.*

On entend un bruit de Trompettes.

### HERMINIE.

Quel bruit ! Quels cris ! O mortelles allarmes!
La nuit, de ce combat augmente la terreur,
Le Soldat animé de rage & de fureur,
N'a, pour guider fes coups, que l'éclat de fes armes.
Mon cœur en eft faifi d'horreur,
Et de mes triftes yeux je fens couler des larmes.

H

Amour, cruel Amour, cesse de me troubler
Pour les jours d'un Ingrat qui méprise ma flamme;

Sous ses plus rudes coups, le sort va l'accabler,
C'est à ma Rivale à trembler,
Puisqu'elle regne dans son ame.

Amour, cruel Amour, cesse de me troubler
Pour les jours d'un Ingrat qui méprise ma flamme.

*Le jour paroît.*

Cet éclat qui frape mes yeux
Contraint la nuit à fuir des Cieux;

O toi ! Brillant Flambeau du Monde,
Toi qui rends le jour aux Humains,
Si tu vien éclairer le malheur que je crains,
Retourne & te cache sous l'Onde.

*On entend un bruit triomphant de Trompettes.*

Mais, ce bruit éclatant m'annonce le Vainqueur:
Hâtons-nous d'éclaircir les troubles de mon cœur.

## SCENE II.

HERMINIE, TANCREDE, & sa suite.

*TANCREDE, à sa suite.*

LE jour a découvert le succès de nos armes,
  Qu'on épargne nos Ennemis :
  La gloire de les voir soûmis
 Peut seul avoir pour moi des charmes.
*à Herminie.*
Princesse, quel destin vous offre à mes regards ?
  Pourquoi quittez-vous vos remparts ?
Au milieu des dangers, quel dessein vous amene ?
*HERMINIE.*
  Pouvez-vous encore l'ignorer ?
Ingrat, ce même amour, cet amour qui vous gêne,
  A sçû, dans ces lieux, m'attirer :
Tremblante pour vos jours, éperdue, incertaine...
*TANCREDE.*
Cessez, par vos soupirs, d'augmenter ma douleur ;
Je me vois separé de l'Objet que j'adore,
J'allois par mon trépas, terminer mon malheur,
Mais l'ardeur d'immoler un Rival que j'abhore,
A seule, en ce combat, ranimé ma valeur.
Dans l'horreur de la nuit, un Guerrier redoutable...
C'étoit Argant lui-même, & je n'en puis douter :

A mes coups redoublez toujours inébranlable,
Quel autre si long-tems eut pû me resister ?
  Un seul souvenir m'inquiete !...
Lorsque je l'immolois à mon couroux fatal,
Je sentois dans mon cœur une pitié secrete ;
  Parloit-elle pour un Rival ?
Mes Soldats en ces lieux vont apporter ses armes
  Et m'éclaircir de son destin.

### HERMINIE.

Helas !

### TANCREDE.

De l'Enchanteur le trépas est certain,
Et nous ne craignons plus le pouvoir de ses charmes.

### HERMINIE.

Argant n'est plus ! sort Inhumain !
Allons avec son sang mêler au moins mes larmes.
        *Elle sort.*

## SCENE III.

TANCREDE, GUERRIERS de sa suite, qui portent les Armes d'ARGANT ; Peuples de la Palestine, qui viennent célébrer la victoire de TANCREDE.

### LES CHŒURS.

CHantons les douceurs de la gloire,
 Goutons les fruits de la victoire.

## TRAGEDIE.
### TANCREDE.

Je goûte un bonheur sans égal,
Du redoutable Argant je reconnois les armes ;
Quel triomphe pour moi peut avoir plus de charmes ?
Dans un fier Ennemi, j'immole mon rival.

### LES CHŒURS.

Chantons les douceurs de la gloire,
Goutons les fruits de la victoire.

### UN GUERRIER.

Que la Paix avec tous ses charmes
Fasse briller les plus beaux jours,
Que le bruit terrible des Armes,
N'effarouche plus les Amours.

Doux plaisirs, suspendés le cours
De nos soupirs & de nos larmes.
Qu'on ne ressente plus d'allarmes,
Aimables Jeux régnés toujours.

Que la Paix, avec tous ses charmes
Fasse briller les plus beaux jours.

*On danse.*

## SCENE IV.

TANCREDE, CLORINDE bleſſée,
Guerriers de la ſuite de TANCREDE.

*TANCREDE, rentrant ſur le Théâtre.*

QUel trouble ſaiſit mes eſprits ?
Je ne trouve par tout que des yeux interdits !
Je demande Clorinde, & n'en puis rien apprendre ;
O Dieux ! A quoi dois-je m'attendre ?

*On conduit CLORINDE bleſſée.*

Quel ſpectacle ! Ciel ! Je fremis,
O funeſte Victoire ! O Deſtins ennemis !
Clorinde, je vous vois mourante !
Bientôt ma main impatiente,
En me perçant le ſein, ſçaura nous réunir ;
Mais, de vôtre trépas, qui dois-je enfin punir ?
Quel ennemi faut-il que je vous ſacrifie ?
Hâtez-vous de me le nommer.

### CLORINDE.

Tancrede ; c'eſt pour lui que je viens vous calmer,
Je le veux, reſpectez ſa vie :
Si vôtre ame à mes loix fût jamais aſſervie,
Au nom d'un nœud ſi beau,
Souffrez que cet eſpoir m'accompagne au tombeau.

## TRAGEDIE.

### TANCREDE.

Vous voulez que j'épargne un Cruel, un Barbare ?
Il doit éprouver mon courroux.

### CLORINDE.

Je ne pouvois vivre pour vous,
Je ne murmure point du coup qui nous sépare.
Celui qui finit mon destin,
Sous les Armes d'Argant n'a pû me reconnoître.

### TANCREDE.

Ah ! Je suis ce Cruel ! Je suis cet Inhumain !
A vos yeux, puis-je encor paroître ?

### CLORINDE.

A la la clarté du jour mes yeux vont se fermer,
L'Amour seul, qui pour vous avoit sçû m'enflâmer,
Pour vous le dire encor, semble arrêter mon ame ;
Vivez... c'est un effort que j'exige de vous...
Cher Tancrede...oubliez que je meurs par vos coups,
Mais... n'oubliez jamais ma flâme.

CLORINDE *tombe dans les bras de ses Suivantes.*

## SCENE DERNIERE.

TANCREDE, & sa Suite.

*TANCREDE, prenant son épée pour se tuer.*

Elle n'est plus ! Mourrons, le jour me fait horreur.

*Ses Soldats le désarment.*

Ah ! Laissez-moi périr : quelle pitié cruelle !
Inhumains ! Eh ! pourquoi désormer ma fureur ?
Elle n'est plus ! C'est moi, c'est ma main criminelle
 Qui vient de lui percer le cœur !
Ciel ! O Ciel ! Arme toi de ton courroux vangeur,
Fais briller tes éclairs, fais voler ton tonnerre,
Entr'ouvre sous mes pas les gouffres de la terre....
Tout trompe mes désirs....

*A ses Soldats.*

   Vous voyez mon malheur,
Mon affreux desespoir a-t'il pour vous des charmes ?
Mais, Cruels, c'est en vain que vous m'ôtez mes armes,
Je ne veux, pour mourir, que ma seule douleur.

*Ses Soldats l'emmenent hors du Théâtre.*

### FIN.

---

### APPROBATION.

J'Ai lû par ordre de Monseigneur le Chancelier une sixiéme Edition de *Tancrede, Tragédie.* Et je l'ai trouvée conforme à l'Edition faite avec Privilége & Approbation en 1738. A Versailles, le trois Février mil sept cent cinquante. DEMONCRIF.

www.ingramcontent.com/pod-product-compliance
Lightning Source LLC
LaVergne TN
LVHW022124080426
835511LV00007B/1017